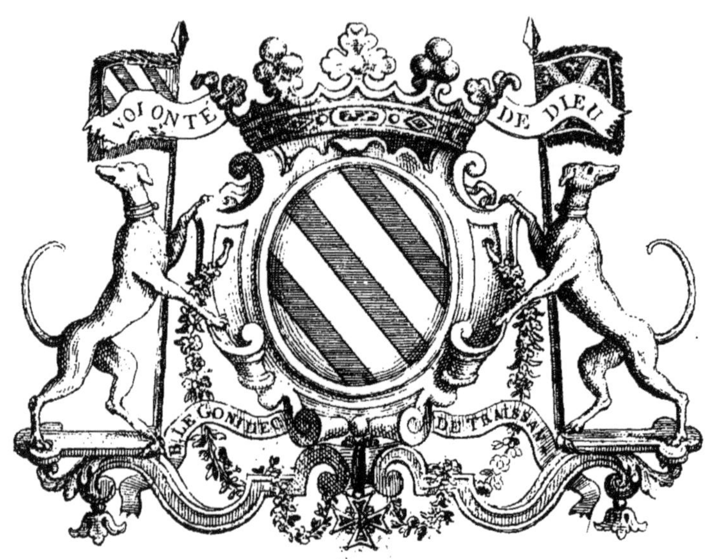

N° 69 du Catalogue.

COLLECTION QUARRÉ-REYBOURBON

FRANCE

FLANDRE ET ARTOIS

1. **Anonyme**. (*D'azur au franc-quartier d'hermine*) : in-8 en largeur.

2. **Anonyme**. (*De gueules, au cor de chasse d'or, accompagné de 3 étoiles du même*), avec la devise : *Non sibi sed aliis* ; in-8.

    Belle épreuve à toutes marges.

3. **Anonyme**. (*D'or, au lion de gueules ; accolé de* Créqui) ; cordelière de veuve ; petit in-8 en largeur.

Vente du Jeudi 4 Juin 1908

(SALLES SILVESTRE, A DEUX HEURES)

COLLECTIONS QUARRÉ-REYBOURBON ET M***

EX-LIBRIS ANCIENS

FRANÇAIS ET ÉTRANGERS

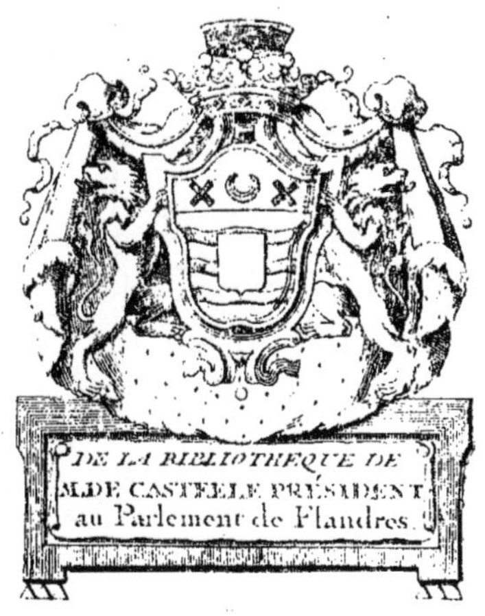

Nº 8 du Catalogue.

PARIS

EM. PAUL ET FILS ET GUILLEMIN

Libraires de la Bibliothèque Nationale

28, RUE DES BONS-ENFANTS, 28.

1908

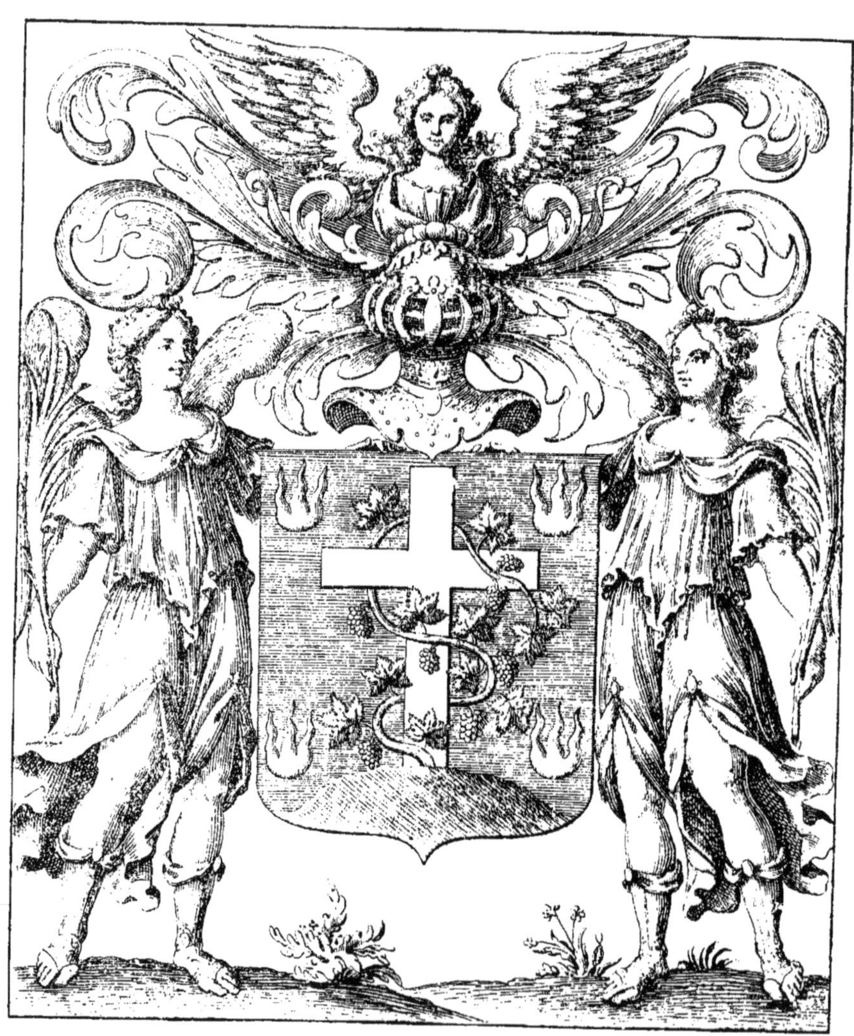

N° 94 du Catalogue.

LA VENTE AURA LIEU

Le Jeudi 4 Juin 1908

A DEUX HEURES PRÉCISES DU SOIR

Dans les Salles de Ventes aux Enchères

DE LA LIBRAIRIE ÉM. PAUL ET FILS ET GUILLEMIN

28, Rue des Bons-Enfants, 28 (Anciennes Maisons Silvestre et Labitte)

SALLE Nº 1

Par le ministère de **Mᵉ ANDRÉ DESVOUGES, Commissaire-Priseur**

26, RUE DE LA GRANGE-BATELIÈRE, 26

(Successeur de Mᵉ MAURICE DELESTRE)

Assisté de **MM. ÉM. PAUL ET FILS ET GUILLEMIN, Libraires-Experts**

28, RUE DES BONS-ENFANTS, 28

EXPOSITION PARTICULIÈRE

Les Mardi 2 et Mercredi 3 Juin 1908

28, RUE DES BONS-ENFANTS, 28

De 3 heures à 5 heures

ORDRE DE LA VACATION

Numéros...	92 à 204
—	1 à 91

CONDITIONS DE LA VENTE

La vente se fait expressément au comptant.

Les adjudicataires paieront 10 pour cent en sus des enchères.

Les Experts chargés de la vente rempliront, aux conditions d'usage, les commissions des personnes qui ne pourraient y assister.

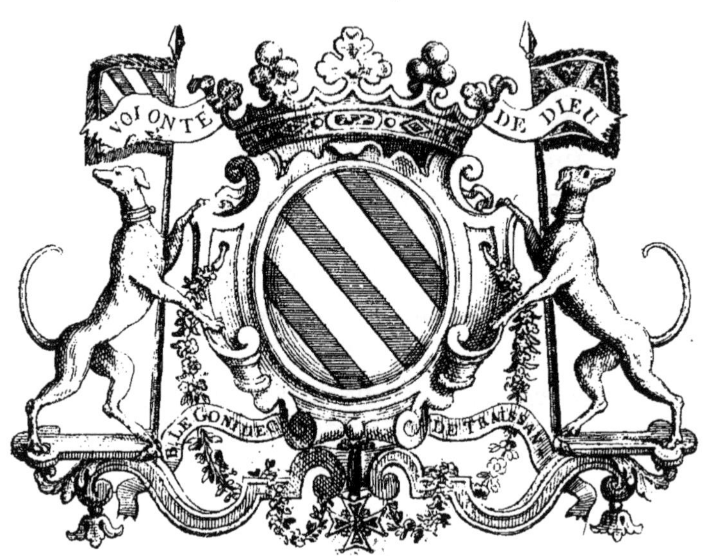

N° 69 du Catalogue.

COLLECTION QUARRÉ-REYBOURBON

FRANCE

FLANDRE ET ARTOIS

1. **Anonyme**. (*D'azur au franc-quartier d'hermine*) : in-8 en largeur.

2. **Anonyme**. (*De gueules, au cor de chasse d'or, accompagné de 3 étoiles du même*), avec la devise : *Non sibi sed aliis* ; in-8.

   Belle épreuve à toutes marges.

3. **Anonyme**. (*D'or, au lion de gueules ; accolé de* Créqui) ; cordelière de veuve ; petit in-8 en largeur.

4. Bertin. — 2 variantes gr. par (*Merché*).

5. (Béthune) (le Marquis de) ; 2 variantes, l'une gr. par *Lemaire* à Arras, l'autre par *Delcourt fils* à Tournai. — (BÉTHUNE DE CHAROST) ; in-18. — Ensemble 3 pièces.

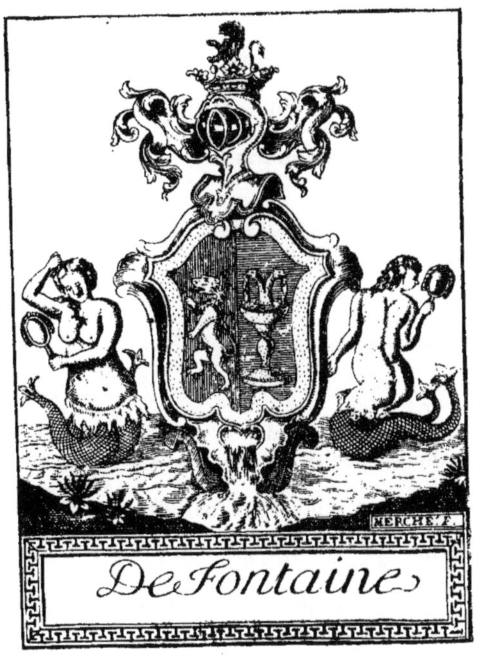

N° 20 du Catalogue.

6. Briois de Sailly (A.-J. de), par *J.-C.-D. Merché* ; in-8.

Léger grattage à la légende.

7. Carré, libraire, Grand' Place, à Lille. — 2 variantes tirées en noir et sanguine.

8. Casteele (de), président au Parlement de Flandres.

Voir la reproduction sur 'a première page de la couverture.

9. **Castellain** ; gr. par (*Merché*) ; in-16.

10. (**Castro y Lemos**), par *P. Wauters*. — 2 états

11. **Chastanet** (C.-L.-J.), chirurgien, gr. par *Durig*, à Lille ; in-8.

   Très jolie pièce (intérieur de bibliothèque).

12. **Cleenewerek de Crayencour**, par *Helman*, 1768. — **2** états.

13. **Comtesse** (Hôpital), (à Lille), par *Merché*, 1753.

14. **Cotelle de Grandmaison** ; in-8.

15. **Doncquer** (N.-F.).

16. **Du Pont** (A.), par *J. Derond* ; in-**8**.

   Très belle pièce.

17. **Dupuich**, par *Merché*.

   Epreuve tirée en bleu.

18. **Fauconpret de Thulus** (de). — 3 variantes, dont une gr. par *Vacheron* à Douai et deux par *Helman* (à Lille).

19. **Foissey** (Alexis), à Dunkerque, par *Thérèse Brochery*.

20. **Fontaine** (de), gr. par *Merché* ; petit in-8.

21. **Froment**. — 2 pièces dont une gr. par *Bis*, à Douai.

22. **Gilleman de la Barre** (de).

23. **Gland** (de), médecin à Lille ; in-8 en largeur.

   Ex-libris (ou en-tête) de l'époque révolutionnaire, avec monogramme, livres et squelette, etc. et la légende suivante : *De Gland, médecin opérant, corresp. de la cidevant Société R. de Médecine de Paris, reçu au cid. Collège de Chirurgie, etc. Faubourg de Paris, n° 334, arrond¹ de Lille, Dép¹ du Nord.*

24. **Godefroy** ; in-4. — D. GODEFROY : **2** variantes. — GODEFROY DU SART ; in-18. — Ens. 4 pièces du XVIIᵉ siècle.

25. **Gosselin** (J.), par *D. Wallaert*.

26. (Grenet de Florimond), gr. par *Durig* ; in-4.
Jolie pièce.

27. (Haffrengues) (d'), par *Merché*.

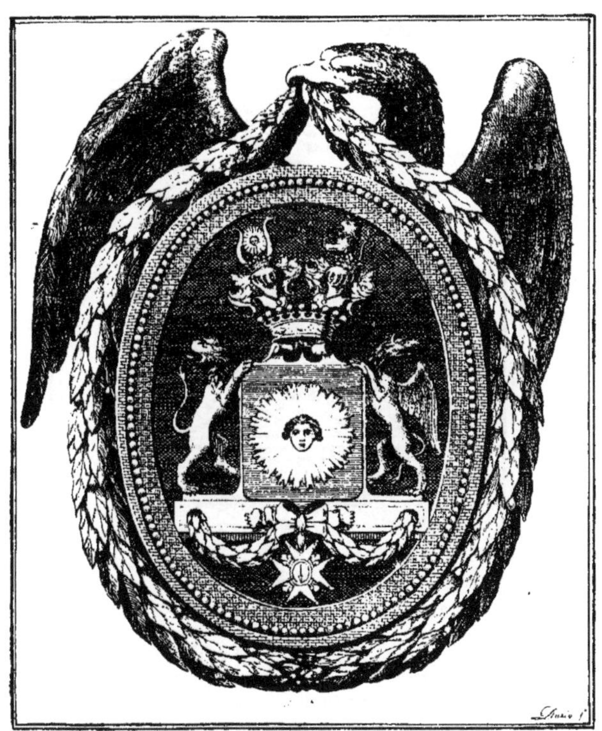

N° 26 du Catalogue.

28. Hecquet, gr. par (*Thérèse*) *Brochery*.

29. Hesecques de Héricourt. — L'abbé HERSIN DE VAROQUIER.
— Ensemble 2 pièces.

30 Irval (d'), à Lille, par *Derond*.
Épreuve tirée en bleu. — *Voir la reproduction page 11.*

31. Langhetée de Ghyveldehove, par *J.-B. Carpentier*.

32. (Langlet de Shoebeck), par *J.-B. Carpentier*.

33. (**Lannoy**) (de), gr. par *Merché*, 1761.

34. **Larcher** (Claude-Thomas), conseiller royal, à Péronne, 1761.

35. **Le Febure de la Basse Boulogne**, par *Vacheron*, à Douai.

36. **Libert de Beaumont**, gr. par *J. Derond*.

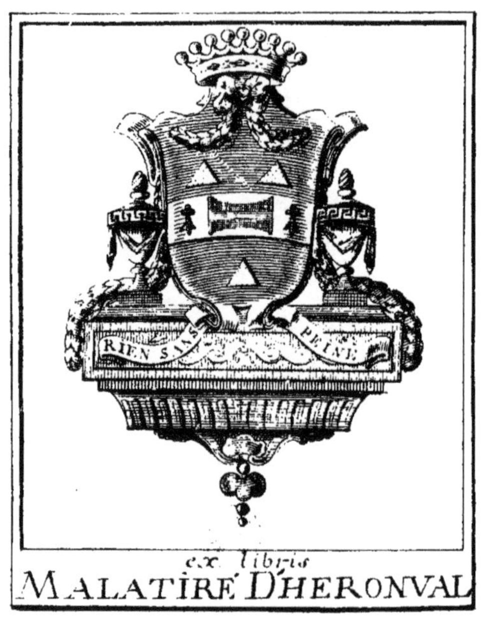

N° 40 du Catalogue.

37. (**Lille**) (Société Philharmonique de).— 2 pièces en largeur, gr. par *Durig*.

38. **Lille** (Armoiries de la ville de), gr. par *Durig* (en 1812); petit in-8.

> Belle épreuve à toutes marges à laquelle on a joint une explication imprimée des armoiries.

39. (**Linange**) (Prince de), gr. par *Durig*, in-4.

> Jolie pièce.

40. **Malatiré d'Heronval**.

41. **Malfait** (Séraphin), négociant à Lille, par *Durig*. — Grande
marque in-4 en largeur au nom du même. — Ensemble 2 pièces.

42. **Nicole**, conseiller.

Curieuse pièce, avec intérieur de bibliothèque.

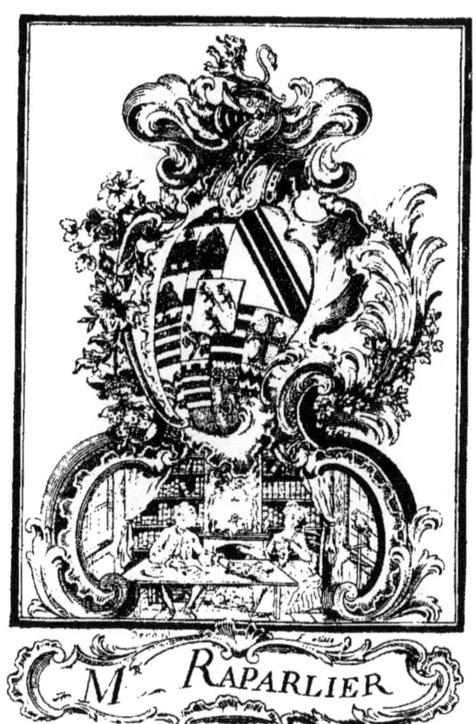

N° 47 du Catalogue.

43. **Palisot** (Amb.-Alex.); in-8. — PALISOT D'ATHIES. — Ensemble
2 pièces.

44. **Palisot** (Jean-François), seigneur de Beauvois ; in-4.

Epreuve tirée en bleu.

45. **Phalempin** (Abbaye de), diocèse de Cambrai, par *Vandesipe*, à
Douai ; in-8.

46. Raparlier, par *Derond*, à Lille ; in-8.

47. Raparlier, par *Derond*, à Lille ; in-8.

Etat fort rare avec les portraits du titulaire et de sa femme, dans un cabinet de travail gravé dans le cartouche.

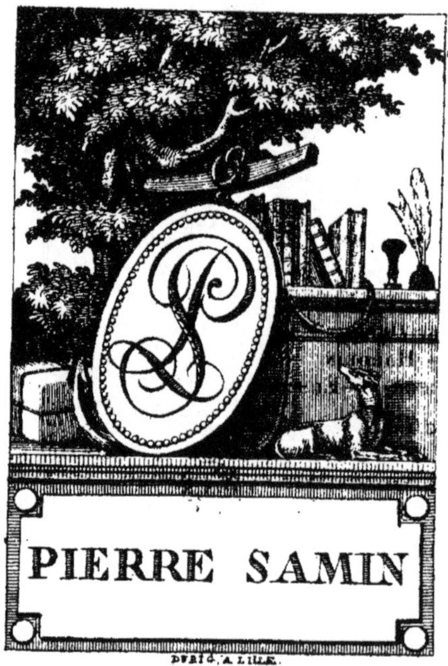

N° 51 du Catalogue.

48. Riacourt (Denis de), par *Thibaut*. — 2 épreuves, dont une tirée en bleu.

49. Ringuier (P.-J.).

50. Sainte-Aldegonde (le comte de), par *Helman*, 1771.

51. Samin (Pierre), par *Durig*, à Lille ; petit in-8.

Jolie pièce.

52. Surmont de Bersée (de) ; petit in-8.

53. **Taverne de Burgault**, par *Merché*, 1771.
Épreuve à toutes marges.

54. **Van der Meersch**. — 2 variantes.

55. **Vernimen** (N.-O.-L.). — Pierre-Philippe VERNIMEN. — Ensemble 2 pièces.

56. (**Villegas**).

57. **Waymel** (Rol.-Fr.), avocat général du Parl^t de Flandre.

---

58. (**Bachez**. — (BAILLEUL, baron de Lesdain). — Benoit BIESWAL, par *Vacheron*. — (BLONDEL D'AUBERS). — BRUNEAU DE VASSIGNIES. — DARMAND. — DELEPIERRE DE LIGNY. — DELIGNIÈRES DE BOMMY. — DEROO, apothicaire à Douai. — (DESCHATEAUX). — Ensemble 10 pièces.

59. **Douay du Prehedrez**. — (Comte d'EGMONT). — Louis d'Espiennes (par *Durig*). — (de FAULX). — FEGELS. — FLORISONE, par *Thibaut*. — HARDUIN. — (De HAU DE STAPLANDE), gr. par *Merlot*. — (du JOCRON). — Ensemble 9 pièces.

60. **Jacobs d'Hailly**. — LEDUCQ. — PETIPAS. — (de POLLINCHOVE). — Albert ROUVROY. — SCHERER (de Scherburg). — Charles de VALORY. — VONDERWEIT. — WARENGHIEN DE FLORY ; 2 pièces dont une par *Danchin*. — Ensemble 10 pièces.

61. **Anonymes**. — 6 pièces.

62. **Anonymes**. — 4 pièces.

63. **Etiquettes**. — 17 pièces la plupart avec *encadrements sur bois*.
DANEL. — DÉPRÈS. — DUFOUR. — FAREZ. — FLAMENT. — FLIK. FRUICT. D'HASVENT. — HENRY. — LAMBIER. — LEFEBVRE. — PREVOST. — REYNART. — TANCET. VAN COSTENOBLE. — VANHOENACKER. — De VIDAMPIERRE.

---

64. Réimpressions d'ex-libris du XVIIIe siècle. — Réunion de 12 pièces, dont dix tirées sur les cuivres originaux.

65. Ex-libris du XIXe siècle. — Réunion de 40 pièces.

PROVINCES DIVERSES

66. **Aubin**, gr. par *Superchy* ; petit in-4 en largeur.

67. **Bretin** (J.-B.-H.). avocat.

68. **Faye (J.-B.)**.
> Épreuve tirée en bleu.

69. **Le Gonidec de Traissan** (B.) ; in-8 en largeur.
> *Voir la reproduction à la première page du texte.*

70. **Morand** (D.), des Académies de Paris et de Londres.
> Pièce à sujet macabre.

71. (**Nancy**). Bibliothèque publique fondée par le Roi de Pologne, duc de Lorraine, en 1750 ; in-12, gr. sur bois.
> Deuxième état décrit par MM. A. de Mahuet et Edm. des Robert dans leur excellent ouvrage sur les *Ex-libris Lorrains.*

72. (**Villiez**) (Jean-Fr.), juge-consul de Lorraine, gr. par son fils (*François*) *Villiez*, en 1770.

73. **Aubry**, par *Martinet*. — BONNIER. — BROCHANT DU BREUIL, gr. par *Mathey*. — (CARETTE). — (Robert de CAZE). — (CLERMONT-GALLERANDE). — DESCAMPS, gr. par *Le Mire*. — DESLIGNERIS. — FAILLY. — (FOUQUET DE BELLE-ISLE). — Ens. 10 pièces.

74. (**François de Neufchâteau**). — GAUSSEN. — (de GIRAUGY). — GOUGENOT. — (LARMARK). — (LAMARQUE D'ARENBERG). — LE-BOURG. — LEDOUX. — MARESCHAL DE BIÈVRE. — (MONTROGNON DE SALVERT.) — POULTIER. — ROCHECHOUART, évêque de Bayeux. — ROLLAND. — (de TALLEYRAND). — Ens. 14 pièces.

75. Ex-libris français du XIXe siècle. — Réunion de 64 pièces.

76. Blasons de dédicaces, armoiries, etc. — Réunion de 35 pièces, dont 21 du XVIIIe siècle.

ÉTRANGER

BELGIQUE ET HOLLANDE

77. **Buecken** (Mart.-Geld.), patricien de Louvain, gr. par *Becker*, à Louvain, en 1754 : petit in-4.

78. **Custis** (Charles). — 3 variantes, dont une petit in-4.

79. **Gand** (Société de), gr. par *P. Tiberghien* ; in-8.

80. **Hove** (B.-D. van).

81. (**Arents de Beerthegem**). — (Chasteler de Moulbais). — Cuypers. — de Gages. — Ghesquière de Limbreck. — Ghesquière de Stradin (réimpression). — de Gottignies. — (Laureyns), gr. par *Fruytiers*. — (Rapaert de Grass). — Saint-Hilaire de Cruyninghe. gr. par *Heylbrouck*. — Vaernewyck : in-4. — Van Bavière. — Van Hulthem ; 2 variantes. — (Verdussen). — Ensemble 16 pièces.

82. **Aerssen van Sommelsdyck**, gr. par *Polak*. — Grand-Orient d'Amsterdam. — Hasselaer ; 2 épreuves. — Uytenbogaert. — Wevelinchoven. — Anonyme. — Trois pièces du XIXe siècle. — Ensemble 10 pièces.

83. Ex-libris belges du XIXe siècle. — Réunion de 18 pièces.

ALLEMAGNE. — ITALIE. — ETC.

84. **Anonyme**. (*D'argent, à 2 lions léopardés de gueules couronnés du même*), avec les devises : *Constans et fidelis* et *Fortes nascuntur*; par *J.-A.-Z.* (*Zimmerman*), à Augsbourg ; in-4 en largeur.

Très petit trou en marge de la pièce.

85. **Reh** (Nicolas), 1610 ; in-8.

Belles armoiries manuscrites, *peintes en or et couleur* et portées par un guerrier à cheval.

86. Ex-libris allemands, suisses et anglais du XVIIIe siècle. — Réunion de 10 pièces.

(Archenholtz?). — Fried. von Mulinen. — Mulinen von Konitz — Anonyme. — Comte de Courten, par *Brüpacher*, 1773. — (Rosset), par *Brüpacher*. — Lord Camden. — Chermside. — Fitz-Gerald. — William Orr.

87. Ex-libris allemands et anglais du XIXe siècle. — Réunion de 48 pièces.

88. **Pasta** (Maria) ; in-12 en largeur, gr. vers 1810.

89. (**Archinto**). — (Borromeo-Arese) ; 2 variantes dont une gr. par *Jac. Mercorus*. — Igili. — Hercule de Silva. — (Trotti-Bentivoglio). — Ensemble 6 pièces.

90. Ex-libris italiens, espagnols, polonais. etc. du XIXe siècle. — Réunion de 22 pièces.

91. Archives de la Société française des Collectionneurs d'Ex-libris. *Paris*, 1894-1906, 13 vol. gr. in-8, fig et nombr. pl. hors texte, demi-rel. chag. r. dos orné, non rog.

Collection complète jusqu'en décembre 1906.

On a relié à la fin des quatre dernières années les *Catalogues illustrés des ventes d'ex-libris* faites par les soins des experts *Em. Paul et fils et Guillemin* et autres, des numéros de revues héraldiques françaises et italiennes, des circulaires relatives à la Société, des prospectus d'ouvrages sur les ex-libris, etc.

L'année 1906 est en livraisons.

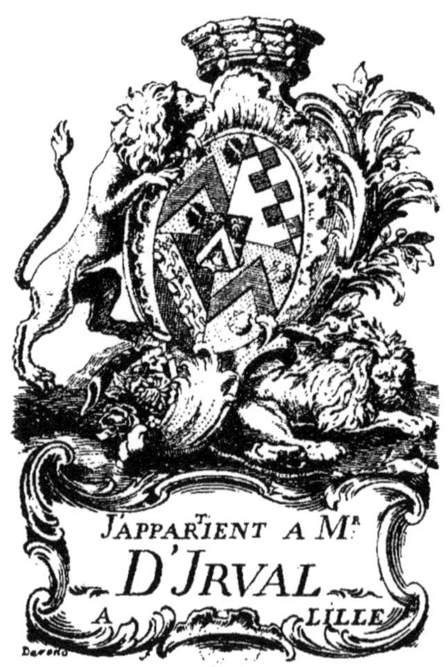

N° 30 du Catalogue.

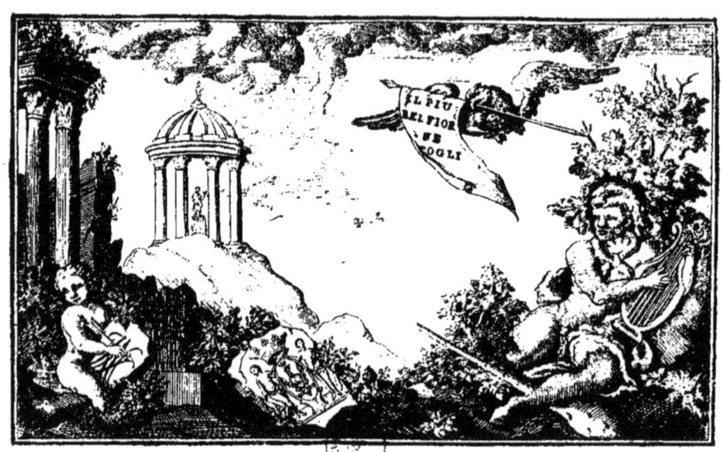

N° 167 du Catalogue.

COLLECTION M***

FRANCE

XVIIᵉ SIÈCLE

92. Amyens (D').

> *Voir la reproduction à la page suivante.*

93. Anonyme. (*D'azur, à 3 annelets d'argent, à la... du même.*)

94. (Pignon) (Jérôme) ; grand in-4.

> Superbe pièce de la plus grande rareté. — *Voir la reproduction sur la qua-*
> *trième page de la couverture.*
> Léger raccommodage.

95. Charreton.

> Belle épreuve,

96. Colaud (Matthieu).

97. Horcholle (Th.), prêtre et curé doyen à Rouen ; in-8.

98. Malfillatre (F.).

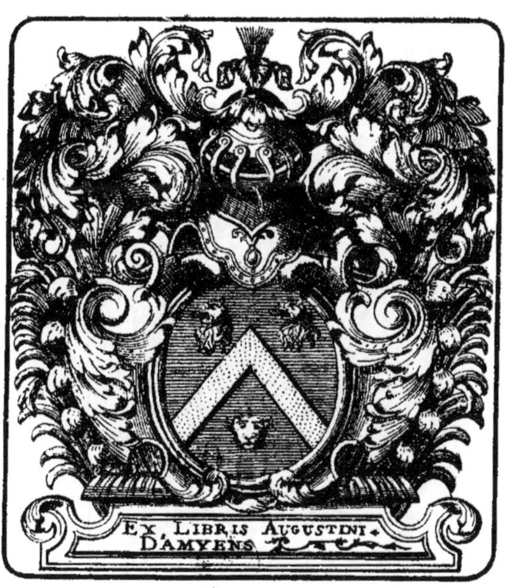

N° 92 du Catalogue.

99. Méhérenc (Bouchard de).

100. (Picquefeu) ; in-12 en largeur.
 Belle épreuve à toutes marges.

101. Vassy (Claude de), marquis de Pirou, gr. par *J. Touslain* ;
petit in-8.

XVIIIe SIÈCLE

102. (Alphonse) (d')?
 Ex-libris militaire.

103. (Ancezune de Caderousse) ; pièce de forme ronde.

104. Anonyme. (*D'azur, semé de fleurs de lis d'or, au franc-quartier d'argent chargé d'une merlette de sable*) ; petit in-8.

105. Anonyme. (Un dauphin supportant un cartouche renfermant un monogramme composé des lettres E. F. deux fois répétées), par *J.-P. Dupré.*

106. Archambault (D.-D. d'), gr. par *Sergent-Marcéau*, à Chartres, en 1778 ; in-8.

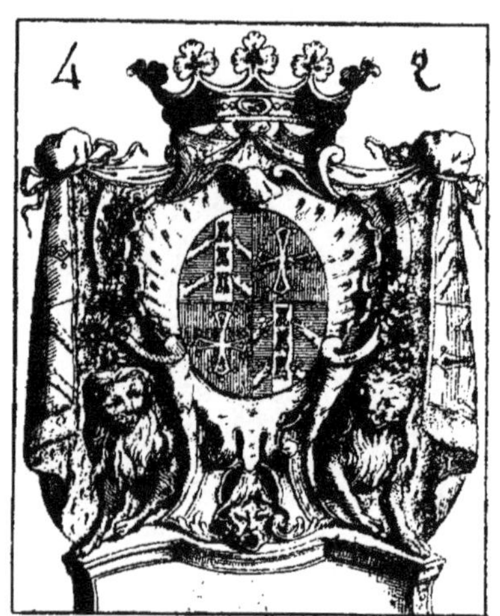

N° 117 du Catalogue.

107. Arconville (Mme d'), par *Eisen.* — (MIGNOT) DE MONTIGNY, par (*Pierre*). — Ensemble 2 pièces gr. par *Louise Le Daulceur.*

108. Armancy (d').

109. Arnoult (J.-M.).

Petite pièce, très rare.

110. (Bec-Hellouin), abbaye de l'ordre de Saint-Benoît, diocèse d'Evreux.

111. Béringhen (Marquise de), née de Hautefort.

112. Berry-Cavalerie (Régiment de) ; étiquette in-8 avec encadrement.

Bibliothèque établie l'an 1772, par les soins de M. le Mis de Lambert, colonel, et aux dépens de M. les Officiers abonnés.

113. (**Béthune**, duc de Charrost), gr. par *Tardieu*, d'après *Tharsis*.

114. (**Blaisel**) (du).

115. **Boula de Paris** (Mme de).

116. (**Bourgoing**) (comte de), en Nivernais ; in-16.
Petite pièce très rare.

117. (**Brancas de Forcalquier**.)

118. **Castaing** (auteur dramatique, né à Alençon) ; petit in-8.

119. **Catelin** (J.-B.) ; petit in-8.
Ex-libris provençal, rare. (*E. Perrier*, p. 121.)

120. **Chanorier**, dessiné et gr. par *De La Laure*.

121. (**Cholier**, comte de Cibeins).
On a ajouté à cet ex-libris un placard in-4 *aux armes de Pierre Cholier*, prévôt des marchands de Paris, renfermant l'anagramme du nom de cet ancêtre du titulaire, avec son explication.

122. (**Clérot**), avocat au Parlement de Normandie, mort en 1744 ; in-8.

123. (**Crozat**, baronne de Thiers) (Mme de), née de Montmorency-Laval, par *F. Boucher* ; in-8.
Jolie pièce.

124. **Desavenelle de Grandmaison**.

125. **Dollon** (le marquis de).

126. **Escars** (le comte François d').

127. (**Estouteville de Ligneville**), gr. par (*Aloja*) ; in-8.
Rare.

128. **Fages** (de), prêtre, par *Pequet*.

129. (**Flamen du Coudray**).

130. **Gaëte** (Gaudin, duc de), ministre de Napoléon Ier, gr. par *Coquardon fils*.

131. **Gilibert de Merlhiac**.
Epreuve tirée en bleu.

132. Ginestous de Challay.

Voir la reproduction à la dernière page du texte (page 23).

133. (Helvétius) (Claude-Adrien), le célèbre philosophe, auteur du livre : *De l'Esprit*.

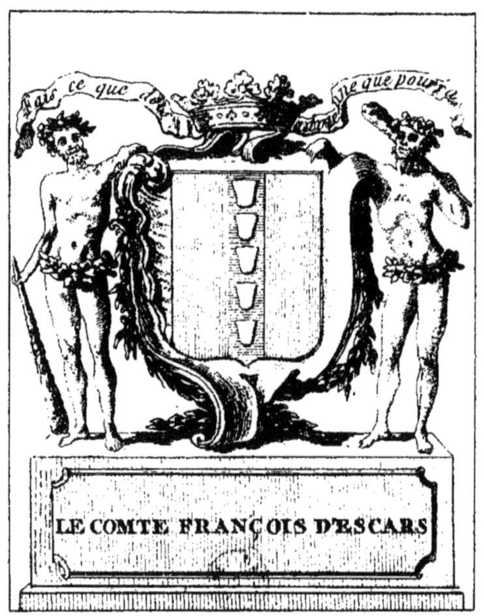

Nᵒ 126 du Catalogue.

134. Joubert (de), trésorier des Etats de Languedoc, (gr. par *Chalmandrier*) ; in-8.

Deuxième état.

135. La Flize (D.), docteur en médecine, gr. par *Collin*, à Nancy ; in-8.

Troisième état, avec la légende en cinq lignes.

136. La Rue (Claude-Charles de), prêtre du diocèse d'Amiens, chanoine de l'Eglise Cathédrale d'Arras.

137. (La Tour d'Auvergne) ; in-16.

138. **(Le Conte de Nouant, marquis de Raray).**
Jolie pièce.

139. **Le Febvre** (Elie), gr. à l'eau-forte par *Bon*.

140. **Leguay**.

141. **L'Epée** (Charles-Michel, abbé de), le célèbre éducateur des sourds-muets ; étiquette typographique avec encadrement.

142. **Le Prince**, au Mans.

143. **Lorme** (de), gentilhomme ordinaire du Roy, par *E. Stallin*.

144. **Murat** (Joachim) et CAROLINE BONAPARTE, Roi et Reine de Naples. — 2 pièces.

145. **Nay** (Emmanuel, comte de) et de Richecourt ; petit in-8.
Curieuse composition.

146. **Perrin**. — 4 variantes.
L'un de ces ex-libris, gr. par *Obmeyer*, a pour titulaire Abraham Perrin, pasteur des Bayards et de St-Sulpice.

147. **Persan** (Casimir de).
Curieuse pièce.

148. **Pusignieu** ; in-8.
Rare.

149. **Roche** (A.-H. et J. de, tous deux chanoines de l'église d'Uzès. — 2 pièces.

150. **Sauzey**, avocat.
Intérieur de bibliothèque.

151. **Thelin** (de) : petit in-8 en largeur.

152. **Tronchin** (Jean-Armand), gr. par *P.-P. Choffard*, 1779.

153. **Vaudreuil** (Comtesse de), Gouvernement du Louvre.

154. **Voyon** (de).

155. **Wavrechin** (de), par *Dauchin*, à Cambrai.

156. Aubigny (Richard d'). — BARON; 2 variantes. — CHEFD'HOS-
TEL, gr. par *Goüel*. — (COLLÈGE D'EU); 2 pièces in-18 gr. sur
bois. — (FONTANELLI), 1736. — (LE PEIGNÉ D'OUMÉNIL). — (MOU-
LINNEUF), gr. par *lui-même*. — Théodore PAGAN. — TITON DE VIL-
LOTRAN. — (WATELET). — Ensemble 12 pièces.

157. Baudelot, par *Corlet*. — BOURLET DE VAUXCELLES. — BOYVEAU.
BRUNEAU DE VASSIGNIES. — CHEF D'HOSTEL, par *Goüel*. — (DESCHA-
TEAUX). — FLONCEL. — GAVINET; in-8 — (HOCQUART DE MONTFER-
MEIL). — LE BOUCHER DE RICHEMONT. — LE DOUX; 2 variantes dont
une gr. par *Coutellier*. — THOMAS DU FOSSÉ. — (THOMÉ DE FER-
RIÈRES). — de VAUCRESSON, gr. par *Beaumont*. — Ensemble
15 pièces.

---

158. Ex-libris français du XIXᵉ siècle. — Réunion de 16 pièces.

159. Ex-libris français du XIXᵉ siècle, la plupart héraldiques. —
Réunion de 184 pièces.
   Très importante réunion.

ETRANGER

ITALIE

XVIIᵉ SIÈCLE

160. **(Barnabo)**, à Foligno; in-4, gr. sur bois.

161. **Contarini** (Jacopo); petit in-8.
   Jolie pièce, très bien gravée.

162. **(Spreti)**, gr. par *N. Curti*; grand in-8. — Hier. SPRETI. —
Ensemble 2 pièces.

XVIIIᵉ SIÈCLE

163. **Angeli** (Luigi). — 2 pièces in-12 et in-8 en largeur.

164. **Bergame** (Capucins de), gr. par *T. Viero*; petit in-4.

165. **Bongiovanni** (Maria), née Visconti, gr. par *D. Cagnoni ;* petit in-8 en largeur.
> Curieuse pièce.

166. **Brizio della Veglia** ; in-12 en largeur.

167. (**Caissotti**) (Franc.-Giacinto), gr. par *Gay* ; grand in-8 en largeur.
> Curieuse et belle pièce.
> *Voir la reproduction page 13.*

168. **Collalto** (le comte Jacques-Maxim.). — 2 pièces in-12 et in-8 en largeur, gr. par *T. Viero.*

169. (**Cornaro**) ; in-4. — (Cardinal Giovanni CORNARO) ; in-folio. — Ensemble 2 pièces.

170. **Delfino** (le chevalier).
> Intérieur de bibliothèque.

171. **Farsaglia.** — 2 variantes.

172. **Farsetti** (Thomas-Joseph), 1745 ; 2 variantes. — Laurent-Ant. de PONTE. — Ensemble 3 pièces.

173. **Libri** (Massimiliano) ; in-8 en largeur.
> Très bel intérieur de bibliothèque. — Tirage ancien, rare.

174. **Linati** (Filippo), gr. par *Cagnoni,* à Milan ; in-12 en largeur.
> Jolie pièce avec le portrait du titulaire.

175. **Monteroduni-Pignatelli** (le Prince de) ; in-12 en largeur.

176. (**Papafava dei Carraresi**) ; in-8 en largeur.

177. **Rivero** (Antonio), gr. par *Stagnon.*
> Jolie pièce.

178. **Salsa** (le Marquis de). (accolé de Malaspina).
> Pièce tirée en bleu.

179. **San Martino d'Aglié** ; petit in-8. — SAN MARTINO DELLA MOTTA (légère détérioration). — Ensemble 2 pièces.

180. (**San Martino di San Gennaro**). gr. par *B.-Joseph Tasnière,* à Turin, en 1723 ; in-4.
> Rare. — Epreuve à toutes marges.

181. Savoie (Maison de). — Réunion de 11 pièces.

Deux ex-libris du XVIIIᵉ siècle aux armes de la maison de Savoie. — Neuf ex-libris du XIXᵉ siècle : Charles-Albert, Roi de Sardaigne ; Victor-Emmanuel II, Roi d'Italie, 2 variantes ; Victor-Emmanuel III, Roi d'Italie, 2 variantes ; Duc des Abruzzes ; Duc d'Aoste ; etc.

---

182. Acquaviva. — (Alberti). — (Altacima). — Ancajani, par *Marroni*. — Antonelli. — (Aquino). — (Archinto). — Alex. Barbaro. — (Beraudo di Pralormo). — Bergonci. — (Beria d'Argentine). — Bischi-Angeletti. — (Bonaccolsi), par *Mandolini*. — Bosio. — (Bourbon del Monte). — 15 pièces.

183. Branca (Ant.). — V.-J. de' Buoi. — Cacherano. — (Abbaye de Calenzano, à Florence). — Canterzani. — (Capece-Minutolo). — (Carafa), par *Calaneo*. — Carburi. — (Catanti). — Cavalli. — Cervellieri). — (Couvent de Chieri). — (Cibo) ; in-8. — Colson. — (Consani) ; in-8. — Ensemble 15 pièces.

184. Corsi (cardinal Cosimo) — (Comucci). — Costerbosa. — Crespan. — (Cresseri) ; in-8. — Davia. — Debernardi, 1806. — (Del Testa de Tignoso), épreuve tirée en bleu. — Durando de Villa. — Facipecora ; 2 variantes. — Feroni. — Follini. — Fontanelli. — Forti. — Ensemble 15 pièces.

185. (Cusani). — Cusani-Scarampi. — (Della Chiesa-Tizzoni). — (Della Torre). — Raby : 2 états, dont un *avant la lettre* un peu détérioré. — Ens. 6 pièces gr. par, ou d'après *Stagnon*.

186. Foscarini (Niccolo). — Fraggianni, par *Grado* : in-8. — (Galletti). — Giannini. — Gozzadini ; 2 pièces différentes. — de Grassi ; 2 variantes. — Gulinelli ; 1732. — Pietro de Lama. — Lambruschini. — (Lion). — Charles-Louis de Bourbon, duc de Lucca. — Gaet. de Lucretiis ; in-8. — (Luserna d'Angrogna), gr. par *Costantinus*. — Ensemble 15 pièces.

187. Maggia (Paolo et Amedeo). — Malvolti di Conegliano — Marchalli. — Marefoschi. — (Marescotti). — Domenico Marini. — Marsuzi. — (Medicis). — Mozzi. — (Nani). — (Narducci). — Gasp. de Nigri. — (Nizzati). — Palma. — Bibliothèque publique de Parme. — Ensemble 13 pièces.

188. Parascandolo. — (Peruzzi). — Philolo. — (Pie VII). — (Pisani). — Séminaire de Pise. — Chapitre de Pise. — (Pucci). — (Ricci). — (Eglise de Roreto). — Rota. — Ruffini. — (Ruffo-Scilla) ; in-8. — Rusteghelli. — Santangelo. — 15 pièces.

189. **Sassi.** — (Scanelli). — Serra. — Sersale. — Terres. — Terzi. — Tettoni. — Tidoni. — Tontoli; tiré en bleu. — (Trotti). — Jésuites de Turin — Uccelli. — Umbrosi. — (Valenti-Gonzaga). — Valperga-Masino. — 15 pièces.

190. **Vargas-Macciucca**; 2 pièces différentes. — Fabio de Vecchi. — Bibliothèque Saint-Marc à Venise. — Sainte-Marie des Anges, à Venise; 1788. — Vernaccia. — (Vivalda). — Zahn. — Zanardi. — Antonelli. — (Della Chiesa-Tizzoni). — Coster-bosa. — Foscarini. — (Bibliothèque de Pavie). — 14 pièces.

191. **Anonymes.** — 18 pièces.

192. **Etiquettes** des XVIII° et XIX° siècles. — Réunion de 118 pièces, la plupart avec *encadrements gravés sur bois*.

193. Blasons de dédicaces, armoiries, vignettes et fleurons. — Réunion de 14 pièces.

194. Réimpressions d'ex-libris des XVII° et XVIII° siècles. — Réunion de 22 pièces.

195. Ex-libris italiens du XIX° siècle. — Réunion de 122 pièces.

BELGIQUE ET HOLLANDE.
ALLEMAGNE. — ESPAGNE. — ETC.

196. **(Bruynincx)** (François), gr. par *L. Fruytiers*.
Jolie pièce.

197. **(Mols)** (Fr. van), gr. par (*Saint-Aubin* d'après *Gravelot*.
Très belle épreuve.

198. **Boisschot** (Ferd. de) ; in-8. — Goswin de Wynants, gr. par *G. de Backer*. — O'Donnoghue. — Rega ; 2 variantes. — Gasp.-Jos. de Servais), par *Ant. Opdebeeck*. — 6 pièces.

199. **Fossoul** (joli petit intérieur de bibliothèque). — (Hoeufft), gr. à l'eau-forte par le *capitaine Retliers*, 1808. — Bruneau de Vassignies. — (Verdussen). — de Vroe. — Anonyme à la devise *Vigilo*, gr. par *R. Whilihand*; 2 variantes dont une avec *Vigilate*. — 7 pièces.

---

200. **Jöcher** (Gottlieb). — KLINGENSBERG. — KNESEVICH, en Hongrie.
— KUSSEVICH, en Hongrie. — LEHNEMANN, gr. par *Schnaper*. —
(Société littéraire de SCHAFFOUSE), gr. par *Schellenberg*. — SVAJER ;
3 variantes. — Plus cinq réimpressions d'ex-libris des XVI° et
XVII° siècles. — Ensemble 14 pièces.

201. Ex-libris allemands du XIX° siècle. — Réunion de 62 pièces.

---

202. **(Philippe II)**, Roi d'Espagne ; grand in-folio.
> Superbe blason du XVI° siècle, gravé et *colorié*, tiré au verso du titre du
> *Theatrum orbis terrarum* d'Abr. Ortelius.

203. Ex-libris espagnols, russes et grecs du XIX° siècle. — Réunion
de 26 pièces.

---

204. Ex-libris anglais du XIX° siècle. — Réunion de 50 pièces.

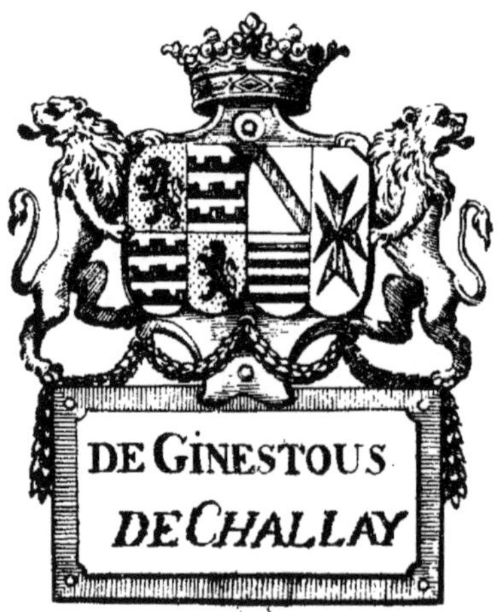

N° 132 du Catalogue.
